Susanne Pypke

Kinderleichte FENSTERBILDER

Saisonale Fensterszenen kinderleicht umgesetzt

Susanne Pypke

Kinderleichte FENSTERBILDER

Saisonale Fensterszenen kinderleicht umgesetzt

INHALTSVERZEICHNIS

FRÜHLING

SOMMER

HERBST

WINTER

VORWORT

Schmück dein Fenster und lass die gute Laune zu dir herein. Mit bunten Farben, leuchtenden Mustern und netten Motiven kannst du dir und anderen das ganze Jahr über eine Freude bereiten. Wie wäre es zum Beispiel im Frühling mit einer Blumenwiese, auf der im Sommer fröhliche Schmetterlinge flattern? Im Herbst kannst du bunte Blätter anbringen und dazwischen ein paar Fledermäuse fliegen lassen. Im Winter schaut vielleicht ein großes Rentier zum Fenster herein – geschmückt mit einer bunten Lichterkette. Du kannst die Motive in diesem Buch nämlich toll miteinander kombinieren!

Alle Ideen in diesem Buch sind kinderleicht gemacht – damit auch das Basteln Freude macht. Zum Einsatz kommen vorwiegend Papier, Pappteller und Farbe. Ansonsten brauchst du nur wenige weitere Materialien. Und weil es so viel Spaß macht, wird hin und wieder auch direkt auf die Glasscheibe gemalt. Aber keine Angst: Die Fingerfarbe lässt sich wieder mit Wasser und Seife abwaschen. Und wer das nicht mag, kann die Motive einfach auf selbsthaftender Fensterfolie gestalten und danach am Fenster anbringen. So ist dann wirklich für jeden etwas dabei!

Ich wünsche dir viel Spaß beim Basteln und Dekorieren!

FRÜHLING

TRANSPARENTE BLUMEN

DU BRAUCHST

- Transparentpapier extra stark in Hellgrün, Grün, Violett und Rosa, A4
- Bleistift
- Schere
- Klebefilm oder Klebestift

Vorlage auf Seite 71

1 Schneide mithilfe der Vorlage für jede Blüte drei oder vier Blütenblätter in derselben Farbe aus dem Transparentpapier aus.

2 Für die Blütenstängel aus dem hellgrünen und grünen Transparentpapier etwa daumendicke Streifen schneiden.

3 Außerdem schneidest du aus dem hellgrünen und grünen Transparentpapier noch ein paar Blätter aus.

4 Die Blütenblätter an der Fensterscheibe zu Blüten zusammensetzen. Klebe sie dazu mit Klebefilmröllchen oder mit dem Klebestift ans Fenster. Zum Schluss die Stängel und die grünen Blätter ergänzen.

TIPP

Male zuerst das Ei mithilfe der Vorlage auf das Papier und stemple deinen Hasen in das Ei. Dann lässt sich der Hase besser platzieren.

OSTERHÄSCHEN

1 Teile die Kartoffel mit dem Messer der Länge nach in zwei Hälften. Eine Hälfte nimmst du später als Stempel für den Hasenkörper. Aus der anderen die Stempel für die Hasenohren zuschneiden.

2 Lege dazu die Kartoffelhälfte mit der Schnittfläche nach unten vor dich und scheide am Rand zwei schmale Stücke ab. Danach das Holzstäbchen in drei Stücke teilen und diese als Griff auf der Rückseite der Stempel in die Kartoffelstücke drücken. Fertig!

3 Bestreiche den Stempel für den Hasenkörper mit der braunen Farbe. Der Stempel lässt sich dabei am Griff gut halten. Die Kartoffel fest auf den Tonkarton drücken, sodass ein schöner Abdruck entsteht. Danach stempelst du die beiden Ohren oben am Kopf auf.

4 Wenn die Farbe trocken ist, kannst du deinen Hasen mithilfe der eiförmigen Vorlage ausschneiden. Das Ei auf ein weiteres Tonkartonstück aufkleben und es dieses Mal etwas größer ausschneiden, sodass ein schmaler Rand entsteht. Zum Schluss den Pompon als Schwänzchen aufkleben.

DU BRAUCHST

- Kartoffel, 8-9 cm lang
- Holzstäbchen
- Pompon in Weiß, ⌀ 2 cm
- Tonkarton in Rosa, Hellgrün und Flieder, A5
- Bastelfarbe in Braun
- Pinsel
- Messer
- Schere
- Klebestift

Vorlage auf Seite 71

SCHÄFCHEN AUF DER WEIDE

DU BRAUCHST

- Tonkarton in Schwarz, A5
- Korken
- 2 Klebepunkte in Weiß, ø ca. 1,5 cm
- 2 Klebepunkte in Schwarz, ø ca. 8 mm
- Fingerfarbe in Weiß und Grün
- Bleistift
- Buntstift in Weiß
- Schere
- Lineal
- Klebefilm oder Klebestift

Vorlage auf Seite 71

1 Tupfe mit dem Korken und weißer Fingerfarbe den Körper deines Schafes auf die Fensterscheibe. Der Körper ist etwa so groß wie ein Teller. Unter dem Körper mit der grünen Fingerfarbe die Wiese aufmalen. Male dazu kurze Linien mit dem Finger. Danach die Hände gut waschen.

2 Während die Farbe trocknet, überträgst du die Vorlage für den Kopf des Schäfchens auf den schwarzen Tonkarton und schneidest den Kopf aus. Für die Beine brauchst du außerdem zwei Rechtecke, etwa 1,5 cm breit und 4 cm lang.

3 Die weißen Klebepunkte als Augen auf den Kopf kleben und darauf die schwarzen Klebepunkte als Pupillen anbringen. Die Schnauze malst du mit dem Buntstift auf.

4 Wenn die Farbe getrocknet ist, den Kopf mit Klebefilmröllchen oder Klebestift auf den Körper kleben und darunter die kleinen Beinchen anbringen.

TIPP

Lass mehrere Schäfchen nebeneinander auf der Weide grasen.

KÜKEN

1 Schneide den dreieckigen Körper aus dem Bastelkarton aus. Die Flügel zweimal aus dem Transparentpapier ausschneiden. Den Schnabel schneidest du aus dem Tonkarton aus und knickst ihn dann einmal in der Mitte (gestrichelte Linie auf der Vorlage).

2 Das pastellgelbe Dreieck mit Flauschfedern, Woll- oder Seidenpapierstücken bekleben. Klebe den gefalteten Schnabel darüber auf und bringe die Wackelaugen mit Klebstoff an.

3 Für die Beine immer drei Chenilledrahtstücke zusammenlegen und miteinander verdrehen. Am unteren Ende lässt du ein Stück unverdreht und biegst die Drähte auseinander, sodass der Fuß entsteht.

4 Nun die Flügel und die Chenilledraht-Beine auf der Rückseite des Kükens aufkleben. Für die Beine nimmst du am besten den Klebefilm.

DU BRAUCHST

- Bastelkarton in Pastellgelb, 20 cm x 20 cm
- Transparentpapierrest extra stark in Pastellgelb
- Tonkartonrest in Orange
- 2 Wackelaugen, ø 2 cm
- 6 Chenilledrähte in Gelb oder Orange, je 10 cm lang
- Flauschfedern, Seidenpapier oder Wollreste in Pastellgelb
- Schere
- Klebefilm
- Klebestift

Vorlage auf Seite 73

MARIENKÄFER

DU BRAUCHST

- Pappteller
- Tonkartonrest in Schwarz
- 2 Pompons in Schwarz, ⌀ 2 cm
- 2 Klebepunkte in Weiß, ⌀ 2,5 cm
- 2 Klebepunkte in Schwarz, ⌀ 1,5 cm
- Bastel- oder Fingerfarbe in Rot und Schwarz
- Pinsel
- Schere
- Klebstift

1 Male den Pappteller auf der Rückseite rot an und lass die Farbe gut trocknen. Dann mit Schwarz den Kopf, die Mittellinie und die Punkte aufmalen. Die Punkte kannst du z. B. mit einem dicken Korken aufstempeln oder mit deinen Fingern aufmalen.

2 Aus dem schwarzen Tonkarton acht breite Streifen (ca. 2 cm) ausschneiden und sie als Beine und Fühler von unten an den Tellerrand kleben. Die Fühler dürfen dabei gerne etwas länger als die Beine sein.

3 Als Augen die Klebepunkte aufeinander anbringen und am Schluss die schwarzen Pompons an den Fühlerenden aufkleben.

TIPP

Der Marienkäfer passt toll zur Blumenwiese auf Seite 12.

TIPP

Papierkreise ausstanzen macht richtig viel Spaß! Du kannst aber auch ferti-ges Konfetti oder Papierschnipsel auf deinen Luftballon kleben.

KONFETTI-LUFTBALLON

1 Schneide den Luftballon mithilfe der Vorlage aus dem Tonkarton zu. Dafür mit der Spitze deiner Schere in der Mitte ein Loch stechen und von dort aus bis zur inneren Linie des Luftballons schneiden. Jetzt kannst du die Innenfläche sauber ausschneiden. Danach den Luftballon an der äußeren Linie ausschneiden.

2 Klebe den Luftballon auf das Transparentpapier und schneide ihn dann noch einmal an der äußeren Kante aus.

3 Mit dem Bürolocher und den Kreisstanzern viele bunte Kreise aus den Papierresten ausstanzen und mit dem Klebestift auf das Transparentpapier kleben, sodass du einen schönen bunten Ballon bekommst.

4 Schneide ein Dreieck aus dem Tonkartonrest aus. Ein Stück von der Luftschlange aufkleben, sodass es an einer Seite des Dreiecks übersteht. Dann das Dreieck unten auf die Rückseite des Luftballons kleben. Die Luftschlange hängt als Faden nach unten.

DU BRAUCHST

- Tonkarton in Rot oder Mintgrün, A4
- Transparentpapier in Weiß, A4
- Papierreste, z. B. farbiges Schreibpapier, Prospekte, Transparentpapier
- Luftschlange
- Bürolocher
- Kreisstanzer, möglichst in verschiedenen Größen
- Schere
- Klebestift

Vorlage auf Seite 70

RAUPE

DU BRAUCHST

- ca. 10 Muffinförmchen aus Papier in verschiedenen Farben
- Tonkartonrest in Schwarz
- 2 Pompons in Lila, ø 2 cm
- 2 Klebepunkte in Weiß, ø 2,5 cm
- 2 Klebepunkte in Schwarz, ø 1,5 cm
- 2 Klebepunkte in Rosa, ø 1 cm
- Marker in Schwarz
- feuchtes Tuch
- Schere
- Klebestift

1 Streiche den welligen Rand der Muffinförmchen mit den Fingern etwas glatt. Die Papiere dann auf den Tisch legen und mit dem feuchten Tuch darüber reiben, bis sie schön glatt sind. Kurz trocknen lassen. (Wenn ein Erwachsener dir hilft, könnt ihr die Muffinpapiere auch mit dem Bügeleisen glätten.)

2 Lege mit den Muffinpapieren eine Raupe und klebe die Papiere aufeinander. Am besten am hinteren Ende der Raupe beginnen und zuletzt das Papier für den Kopf aufkleben.

3 Schneide aus dem Tonkarton kleine Streifen aus und klebe sie als Beine an deine Raupe. Zwei etwas längere Streifen oben am Kopf als Fühler anbringen. Klebe die Pompons an die Spitze der Fühler.

4 Die schwarzen Klebepunkte auf die weißen Klebepunkte kleben und die fertigen Augen auf dem Kopf anbringen. Zum Schluss malst du mit dem Marker den Mund auf und bringst die rosa Klebepunkte als Wangen an.

TIPP

Für passende Blumen ein Muffinpapier am Rand zackig einschneiden. Ein kleineres Muffinpapier aufkleben und einen Pompon in der Mitte anbringen. Die Stängel und Blätter wie auf Seite 12 beschrieben anfertigen.

SOMMER

TIPP

Du kannst auch bunte Luftschlangen oder Papierstreifen unten ankleben.

SONNE UND WOLKE

1 Schneide die Teller jeweils in zwei Stücke, sodass ein Stück etwas größer ist als das andere. Das größere Stück wird deine Sonne bzw. Wolke. Damit der Schnitt gerade wird, kannst du ihn mit einem Bleistift und einem Lineal vorzeichnen.

2 Ein Tellerstück mit der Rückseite nach oben vor dich hinlegen. Beklebe es für die Sonne mit gelben Papierschnipseln. Das Papier dazu in kleine Stücke reißen. Den Rand kannst du am Schluss sauber nachschneiden. Für die Wolke den Teller mit den Wattebäuschen bekleben. Rolle die Wattebäusche davor sanft zwischen deinen Handflächen, damit sie schön kugelig werden.

3 Für die Sonne neun etwa daumendicke Streifen von dem gelben Papier abschneiden und sie als Strahlen von hinten an den Tellerrand kleben.

4 Zum Schluss schneidest du von jedem Krepppapier einen etwa daumendicken Streifen und klebst ihn von hinten an die untere Kante der Sonne bzw. Wolke. Auf der Sonne die Wackelaugen und rosa Klebepunkte ankleben und den Mund aufmalen.

DU BRAUCHST

- 2 Pappteller, ø 23 cm
- Wattebäusche
- Papierrest in Gelb
- Krepppapier in Regenbogenfarben
- 2 Wackelaugen, ø 1,5 cm
- 2 Klebepunkte in Rosa, ø 1,5 cm
- Filzstift in Schwarz
- Bleistift
- Lineal
- Schere
- Klebestift

PAPIERMOSAIK

DU BRAUCHST

- Seidenpapier in vielen Farben
- flüssige Bügelstärke
- Pinsel
- Schere

1 Schneide das Seidenpapier mit der Schere in viele Stücke, zum Bespiel Rechtecke, Quadrate und Dreiecke.

2 Mit dem Pinsel die Bügelstärke auf der Fensterscheibe auftragen. Beginne dabei am besten unten an einer Ecke des Fensters.

3 Beklebe die mit Bügelstärke bemalte Fläche mit den Seidenpapierstücken und achte darauf, dass sie sich immer leicht überscheiden und keine Lücke bleibt.

4 Dann immer im Wechsel weiter Bügelstärke und Seidenpapier aufbringen, bis das Fenster ganz mit dem Papiermosaik bedeckt ist.

TIPP

Zum Entfernen das Mosaik mit lauwarmem Wasser befeuchten. Nach kurzem Einwirken das Papier entfernen und die Stärkereste mit Fensterreiniger abwaschen.

TIPP

Lass den Schmetterling über der Blumenwiese von Seite 12 fliegen. Oder über der Raupe von Seite 24.

SCHMETTERLING

1 Falte das Papier einmal in der Mitte, sodass die beiden kürzeren Seiten aufeinanderliegen und öffne es danach wieder.

2 Auf einer Hälfte mit dem Finger verschiedene Farben auftupfen. Auch auf der Faltlinie kannst du Farbe auftupfen. Vor jedem Farbwechsel kurz deinen Finger an einem alten Lappen abwischen.

3 Klappe das Papier an der Faltlinie wieder zu und streiche mit der Hand über die Fläche, damit sich die Farbe im Inneren verteilt und die andere Seite bedruckt wird.

4 Das Papier wieder öffnen und die Farbe gut trocknen lassen. Danach schneidest du mithilfe der Vorlage den Schmetterling aus. Den Chenilledraht um die Mitte legen und die Enden verdrehen, sodass die Fühler entstehen. Zum Schluss klebst du den Pompon auf.

DU BRAUCHST

- Tonpapier, 15 cm x 18 cm
- Bastel- oder Fingerfarben
- alter Lappen
- Chenilledraht, 30 cm lang
- Pompon, ø 2 cm
- Schere
- Klebstoff

Vorlage auf Seite 70

PAPPVÖGEL

DU BRAUCHST

- Tortenunterlage aus Pappe, ø 28 cm
- Wackelauge, ø 2,5 cm
- Federn in passenden Farben
- Wasser- oder Fingerfarben
- ggf. Pinsel
- Bleistift
- Schere
- Klebestift

1 Schneide die Tortenunterlage in der Mitte in zwei Hälften. Das geht leichter, wenn du davor mit einem Bleistift eine Linie anzeichnest.

2 Nun beide Hälften mit bunten Farben bemalen. Auf der Rückseite der Tortenunterlage hält die Farbe besser, weil sie nicht beschichtet ist. Die Hälfte, die später den Kopf deines Vogels bildet, bekommt einen gelben Schnabel. Das restliche Muster kannst du dir frei ausdenken.

3 Nach dem Trocknen klebst du beide Teile wie auf dem Foto aufeinander. Danach das Wackelauge aufkleben.

4 Zum Schluss verzierst du deinen Vogel mit Federn. Klebe sie auf der Rückseite des Vogels auf.

TIPP

Schneide braune oder grüne Papierstreifen aus und klebe sie als Äste ans Fenster. Für die grünen Blätter kannst du die Vorlage von Seite 71 verwenden.

QUALLEN

1 Schneide das Krepppapier in lange Streifen. Dafür einfach etwa 2 cm breite Ringe von den Rollen abschneiden. Die Streifen schneidest du danach in etwa 30 cm bis 50 cm lange Stücke.

2 Vom Baumwollgarn ein langes Stück abschneiden und an einem Ende einen Knoten machen. Das andere Ende fädelst du durch die Nadel.

3 Mit der Nadel mittig durch die Krepppapierstreifen stechen und nacheinander acht bis zehn Streifen auf den Faden auffädeln.

4 Jetzt stichst du mit der Nadel von innen nach außen mittig durch ein Muffinförmchen und ziehst den Faden durch den Boden. Schon ist deine Qualle fertig und kann aufgehängt werden.

DU BRAUCHST

- Muffinförmchen aus Papier mit Wellenrand in Blautönen
- Krepppapier in Blau, Hellblau, Rosa und Violett
- Baumwollgarn in Weiß
- Schere
- dicke Nadel

ANANAS

DU BRAUCHST

- Bastel- oder Fingerfarbe in Gelb, Grün und Braun
- selbsthaftende Fensterfolie in Transparent, A5
- Pinsel, dick
- Schere

1 Male eine Handfläche satt mit gelber Farbe an. Du kannst dazu einen dicken Pinsel verwenden.

2 Nun mit deiner Handfläche einen Abdruck auf der Fensterfolie machen. Die Finger sind dabei geschlossen, den Daumen legst du eng an. Darauf achten, dass auf der Folie noch Platz für das Ananasgrün bleibt.

3 Male mit dem Finger das Ananasgrün auf. Dann die Farbe gut trocknen lassen, am besten über Nacht.

4 Schneide die Ananas rundum grob mit der Schere aus und tupfe kleine braune Punkte auf. Nach dem Trocknen die Folie vom Trägerpapier abziehen und am Fenster aufstreichen.

TIPP

Dank der Fensterfolie kannst du das Fenster bemalen, ohne dass es schmutzig wird!

HERBST

PILZE

DU BRAUCHST

- > Pappteller
- > Tonkartonrest in Weiß oder Creme
- > Transparentpapier in Rot, A4
- > Papier in Weiß, A4
- > Kreisstanzer, ø 2,5 cm
- > Schere
- > Klebestift

1 Nimm einen halben Pappteller und beklebe ihn auf der Rückseite mit roten Papierschnipseln. Für die kleineren Pilze schneidest du davor den Rand ab – entweder an den Rillen entlang oder an der Bodenkante entlang.

2 Drehe den Teller um, bestreiche die überstehenden Papierschnipsel mit dem Klebestift und klebe sie um die Kante herum auf der Rückseite fest.

3 Stanze Punkte aus dem weißen Schreibpapier aus und klebe sie auf den roten Pilzhut. Für das weiße Röckchen schneidest du ein Stück vom Tellerrand ab und schneidest Zacken in die runde Kante.

4 Schneide einen breiten Streifen für den Stiel von dem Tonkarton ab. Klebe oben das Röckchen auf und klebe dann beides von hinten an den Pilzhut.

TIPP

Du kannst die Pilze auch mit weißen Klebepunkten bekleben.

TIPP

Lass die Fledermäuse über einen Tannenwald fliegen. Die Anleitung für die Bäumchen findest du auf Seite 60. Du kannst aber auch einfach aus grünem Papier große Dreiecke zuschneiden und als Tannen ans Fenster kleben.

FLEDERMÄUSE

1 Schneide mithilfe der Vorlage die Flügel der Fledermaus aus dem Tonkarton aus.

2 Schneide von dem schwarzen Chenilledraht zwei etwa 5 cm lange Stücke ab und knicke sie in der Mitte, sodass zwei spitze Ohren entstehen. Dann biegst du die Enden etwas um, bestreichst sie mit Klebstoff und steckst sie am dicken Ende zwischen die Schuppen des Fichtenzapfens.

3 Klebe vorne die beiden Wackelaugen auf und lass den Klebstoff gut trocknen. Darunter bringst du zwei weiße Chenilledrahtstücke als Eckzähne an. Schneide dazu zwei kurze Stücke ab, bestreiche sie an einem Ende mit etwas Klebstoff und stecke sie zwischen den Schuppen des Fichtenzapfens ein.

4 Zuletzt bestreichst du die die Flügel aus Tonkarton in der Mitte mit Klebstoff und klebst den Zapfen passend auf. Gut trocknen lassen. Du kannst dazu den Bastelkleber verwenden – oder du bittest einen Erwachsenen, dir mit Heißkleber zu helfen.

DU BRAUCHST

- Fichtenzapfen
- Tonkarton in Schwarz, Braun oder Grau, A5
- 2 Wackelaugen, ø 1-1,5 cm
- Chenilledrahtreste in Schwarz und Weiß
- Schere
- Bastelkleber
- ggf. Heißklebepistole

Vorlage auf Seite 73

TIPP

Mit Fingerfarbe kannst du die Abdrücke direkt ans Fenster machen. Die Linien malst du dann mit einem schwarzen Kreidestift auf.

HERBSTBLÄTTER

1 Bemale eine Handfläche satt mit der Bastelfarbe und mache einen Handabdruck auf die Fensterfolie. Die Farbe anschließend gut trocknen lassen und deine Hand mit Wasser und Seife abwaschen.

2 Wenn der Handabdruck trocken ist, malst du mit dem Marker die Linien auf. Mit dem Stängel beginnen und die Linie bis zur Spitze des Mittelfingers malen. Dann malst du rechts und links ein paar Blattadern auf die Handfläche.

3 Wenn der schwarze Marker getrocknet ist, das Blatt grob mit der Schere ausschneiden. Ziehe das Schutzpapier ab und streiche das Blatt auf die Fensterscheibe.

DU BRAUCHST

- selbsthaftende Fensterfolie in Transparent, A5
- Bastelfarbe in Herbstfarben
- Pinsel
- Marker in Schwarz
- Schere

KÜRBISGEISTER

DU BRAUCHST

- Apfel
- selbsthaftende Fensterfolie in Transparent, A5
- Papierreste in Grün und Schwarz
- Bastelfarbe in Orange
- Pinsel
- Messer
- Klebestift

Vorlage auf Seite 71

1 Schneide den Apfel mit dem Messer in der Mitte auseinander. Eine Hälfte wird im nächsten Schritt als Stempel verwendet. Die andere Hälfte kannst du zur Seite legen oder gleich aufessen.

2 Bemale die Schnittfläche der Apfelhälfte mit der Bastelfarbe und mache auf der Fensterfolie einen Abdruck. Nimm den Apfel wieder ab. Kleine Lücken im Druck kannst du mit dem Pinsel vermalen.

3 Den Apfeldruck nach dem Trocknen mit der Schere grob ausschneiden. Aus dem grünen Papier schneidest du einen Streifen zu, aus dem schwarzen Papier den Mund und zwei Augen. Du kannst dazu die Vorlage verwenden oder dir eigene Formen ausdenken.

4 Klebe die Augen und den Mund auf den Kürbis. Kräusele die grünen Papierstreifen und klebe sie oben auf. Zum Schluss das Trägerpapier abziehen und den Kürbis auf die Fensterscheibe aufstreichen.

TIPP

Drucke die Kürbisse mit Fingerfarbe direkt auf das Fenster. Die Papierteile klebst du nach dem Trocknen dann mit einem lösemittelfreien Klebestift auf.

TIPP

Dekoriere das Fenster mit gepressten Herbstblättern oder lass Herzen über zwei verliebten Igeln fliegen.

BLÄTTERIGEL

1 Zeichne den Igel mithilfe der Vorlage auf dem Transparentpapier an und schneide ihn mit der Schere aus.

2 Die getrockneten Blätter auf dem Körper des Igels auslegen. Gefällt dir das Stachelkleid? Dann klebe die Blätter so, wie du sie aufgelegt hast, nacheinander auf.

3 Für das Auge zuerst den weißen Klebepunkt aufkleben und dann den schwarzen Klebepunkt als Pupille aufsetzen.

4 Zum Schluss klebst du den Pompon auf die Nasenspitze.

DU BRAUCHST

- gepresste Herbstblätter
- Transparentpapier, extra stark in Braun oder Orange, A4
- Pompon in Braun oder Beige, ø 2 cm
- Klebepunkt in Weiß, ø 1,5 cm
- Klebepunkt in Schwarz, ø 7 mm
- Bleistift
- Schere
- Klebestift

Vorlage auf Seite 72

DRACHEN

DU BRAUCHST

- 4 Holzstäbchen
- Transparentpapier in deiner Lieblingsfarbe, A4
- Bastelfarbe in passenden Farben
- Pinsel
- 2 Klebepunkte in Weiß, ø 1,5 cm
- 2 Klebepunkte in Schwarz, ø 7 mm
- Wolle in Weiß, 30–50 cm lang
- Marker in Rot und Schwarz
- Schere
- Klebestift

1 Bemale die vier Bastelhölzer mit der Bastelfarbe und lass sie anschließend gut trocknen.

2 Klebe die vier Bastelhölzer auf das Transparentpapier, sodass sie einen Drachen formen. Gut andrücken und trocknen lassen. Dann schneidest du den Drachen aus.

3 Die weißen Klebepunkte als Augen aufkleben und die schwarzen Klebepunkte als Pupillen aufsetzen. Den Mund und die Augenbrauen kannst du mit den Markern aufmalen.

4 Zum Schluss schneidest du aus den Transparentpapierresten kleine Rechtecke aus. An den Wollfaden knoten und als Drachenschwanz anbringen – oder fransig einschneiden und an die Ecken des Drachens kleben.

WINTER

TIPP

Klebe braune Tonkartonstreifen als Zweige ans Fenster, die du mit den Kugeln behängst.

WEIHNACHTS-KUGELN

1 Lege den runden Gegenstand auf das Transparentpapier und umfahre ihn mit dem Bleistift. Danach den angezeichneten Kreis ausschneiden.

2 Stanze viele Kreise aus den Papierresten aus und klebe sie auf den großen Kreis aus Transparentpapier.

3 Ein Rechteck aus den Papierresten ausschneiden und oben an deine Weihnachtskugel kleben. Dann nimmst du ein Stück Geschenkband und bringst es als Aufhängung auf der Rückseite an.

DU BRAUCHST

- festes Transparentpapier in Pastellfarben, A4
- Papierreste in passenden Farben und Gold
- Kreisstanzer, z. B. ø 1 cm, 1,5 cm und 2,5 cm
- Geschenkband
- runder Gegenstand, z. B. Teller oder Schale
- Bleistift
- Schere
- Klebestift

WEIHNACHTS-WICHTEL

DU BRAUCHST

- Tonpapier in Rot, A5
- Pompon in Rot und Puderrosa, ø 2 cm
- Fingerfarbe in Weiß
- Schere
- Klebestift

1 Male deine Handfläche mit der weißen Fingerfarbe an und mache an der Fensterscheibe einen Abdruck. Die Finger sind dabei geschlossen und zeigen nach unten, dein Arm nach oben. Bei Bedarf kannst du dich auf einen Tritt stellen, damit du größer bist.

2 Die Farbe deines Handabdrucks am Fenster trocknen lassen. Die Farbe an deiner Hand wäschst du mit Wasser und Seife ab.

3 Ein langes Dreieck für die Mütze aus dem Tonpapier ausschneiden und mit dem Klebestift auf deinen Handabdruck ans Fenster kleben.

4 Zum Schluss klebst du den roten Pompon an die Mützenspitze und den puderrosa Pompon aufs Gesicht. Fertig ist der Weihnachtswichtel!

TIPP

Den Abdruck kannst du auch auf Fensterfolie machen. Einfach nach dem Trocknen ausschneiden und am Fenster aufstreichen.

TIPP

Schmücke die Tannen mit Pompons, Klebesternen oder Konfetti.

TANNENWALD

1 Mische mit Grün, Blau, Gelb und wenig Rot verschiedene Grüntöne. Besonders lebendig werden die Tannen, wenn du helle und dunkle Grüntöne hast.

2 Nun die Pappteller bemalen. Du kannst zum Beispiel den Rand mit dunklem Grün und die Mitte mit hellem Grün anmalen – oder einfach deiner Fantasie freien Lauf lassen.

3 Wenn die Farbe getrocknet ist, schneidest du die Pappteller wie einen Kuchen in drei oder mehr Stücke. Die Stücke können unterschiedlich groß sein. Orientiere dich am besten am Foto.

4 Je nach Wunsch mehrere Kuchenstücke übereinander kleben. Dann schneidest du aus dem braunen Tonkarton einen langen Stamm aus und klebst ihn auf der Rückseite fest.

DU BRAUCHST

- 3–4 Pappteller
- Tonkartonrest in Braun
- Bastelfarbe in Grün, Blau, Gelb und Rot
- Pinsel
- Schere
- Klebestift

TRANSPARENTE STERNE

DU BRAUCHST

- Bastelkarton in Gold oder Silber, A4
- Butterbrotpapier
- Wachsstifte oder Ölkreiden
- Bügeleisen
- Schere
- Klebstoff

Vorlage auf Seite 72

1 Zuerst mithilfe der Vorlage den Stern aus dem Bastelkarton ausschneiden. Das geht am einfachsten, wenn du zuerst innen die Fläche ausschneidest und danach außen die Kontur schneidest.

2 Gestalte das Butterbrotpapier mit den Wachsmalstiften. Dazu mit der Schere Späne von den Stiften abschaben und auf dem Butterbrotpapier verteilen.

3 Lege eine zweite Lage Butterbrotpapier auf und bitte einen Erwachsenen, dein Bild zu bügeln. Das Bügeleisen dazu auf Stufe 1-2 stellen. Sobald die Farbe schmilzt, ist das Bild fertig.

4 Nach dem Bügeln sofort die Butterbrotpapiere voneinander abziehen. Klebe deinen goldenen Stern auf und schneide das überstehende Butterbrotpapier am Rand entlang ab.

TIPP

Wenn du die Bastelkarton-Sterne vorsichtig ausschneidest, kann du die Innenfläche ebenfalls am Fenster aufhängen.

TIPP

Die Kerzen lassen sich ganz leicht wieder entfernen. Einfach das Papier anfeuchten, kurz einwirken lassen und abrubbeln. Danach die Fensterscheibe wie gewohnt reinigen.

ADVENTSKERZEN

1 Schneide das Seidenpapier in unterschiedlich lange und unterschiedlich breite Streifen. Das werden die Kerzen.

2 Die Kerzen nacheinander an der Fensterscheibe anbringen. Trage dazu an der gewünschten Stelle mit dem Pinsel die Bügelstärke auf der Scheibe auf und streiche dann den Seidenpapierstreifen auf. Die einzelnen Kerzen überlappen sich leicht.

3 Nun aus dem Seidenpapier die Kerzenflammen ausschneiden – große und kleine. Bringe zuerst über jeder Kerze eine große Flamme an und dann auf jeder großen Flamme noch eine kleine.

4 Bei Bedarf kannst du die Fensterscheibe um die Kerzen herum noch mit einem feuchten Tuch reinigen, damit keine überschüssige Bügelstärke sichtbar ist.

DU BRAUCHST

> Seidenpapier in verschiedenen Farben, 50 cm x 70 cm
> flüssige Bügelstärke
> Pinsel
> Schere

LICHTERKETTE

DU BRAUCHST

- Kreidestift, dick in Weiß
- Fingerfarben
- Kartoffel
- Messer

1 Male eine lange Schlangenlinie mit dem Kreidestift auf die Fensterscheibe. Lass dir gegebenenfalls von einem Erwachsenen helfen.

2 Nun in regelmäßigen Abständen kleine Striche an die Schlangenlinie malen. Verwende dazu wieder den Kreidestift. Das sind die Verbindungen zwischen der Lichterkette und den Lämpchen.

3 Die Kartoffel in zwei Hälften schneiden, eine Schnittfläche mit der Fingerfarbe betupfen und an jedem der kleinen Striche einen Abdruck machen. Wechsle dabei immer wieder die Farbe, sodass deine Lichterkette schön bunt wird.

TIPP

Reinige vor jedem Farbwechsel deine Hände und die Kartoffel, damit sich die Farben nicht mischen.

TIPP

Die Größe des Rentiers kann je nach Format des Fensters angepasst werden.

RUDOLF RENTIER

1 Schneide aus dem Packpapier ein großes Dreieck aus, das etwa 30 cm breit und 60 cm hoch ist. Lass dir gegebenenfalls von einem Erwachsenen die Form mit dem Lineal vorzeichnen.

2 Die obere Spitze mit der Schere runden und dann nach unten falten. Dort klebst du sie unsichtbar mit einem Klebefilmröllchen fest.

3 Aus dem Bastelfilz eine runde Nase ausschneiden (etwa 5 cm groß) und zusammen mit den Wackelaugen aufkleben. Schneide aus dem Tonpapier zwei Ohren zu und klebe sie oben an den Kopf.

4 Jetzt dein Rentier mit Klebefilmröllchen ans Fenster kleben. Dann bringst du das Geweih an. Dafür je einen langen und drei kurze Glitzertape-Streifen auf die Scheibe kleben.

DU BRAUCHST

- Packpapier in Braun, ca. 35 cm x 65 cm
- Tonpapier in Braun, A5
- Bastelfilzreste in Rot
- 2 Wackelaugen, ø 2,5 cm
- Glitzertape in Gold
- Bleistift
- Lineal
- Schere
- Klebefilm
- Klebestift

Vorlage auf Seite 71

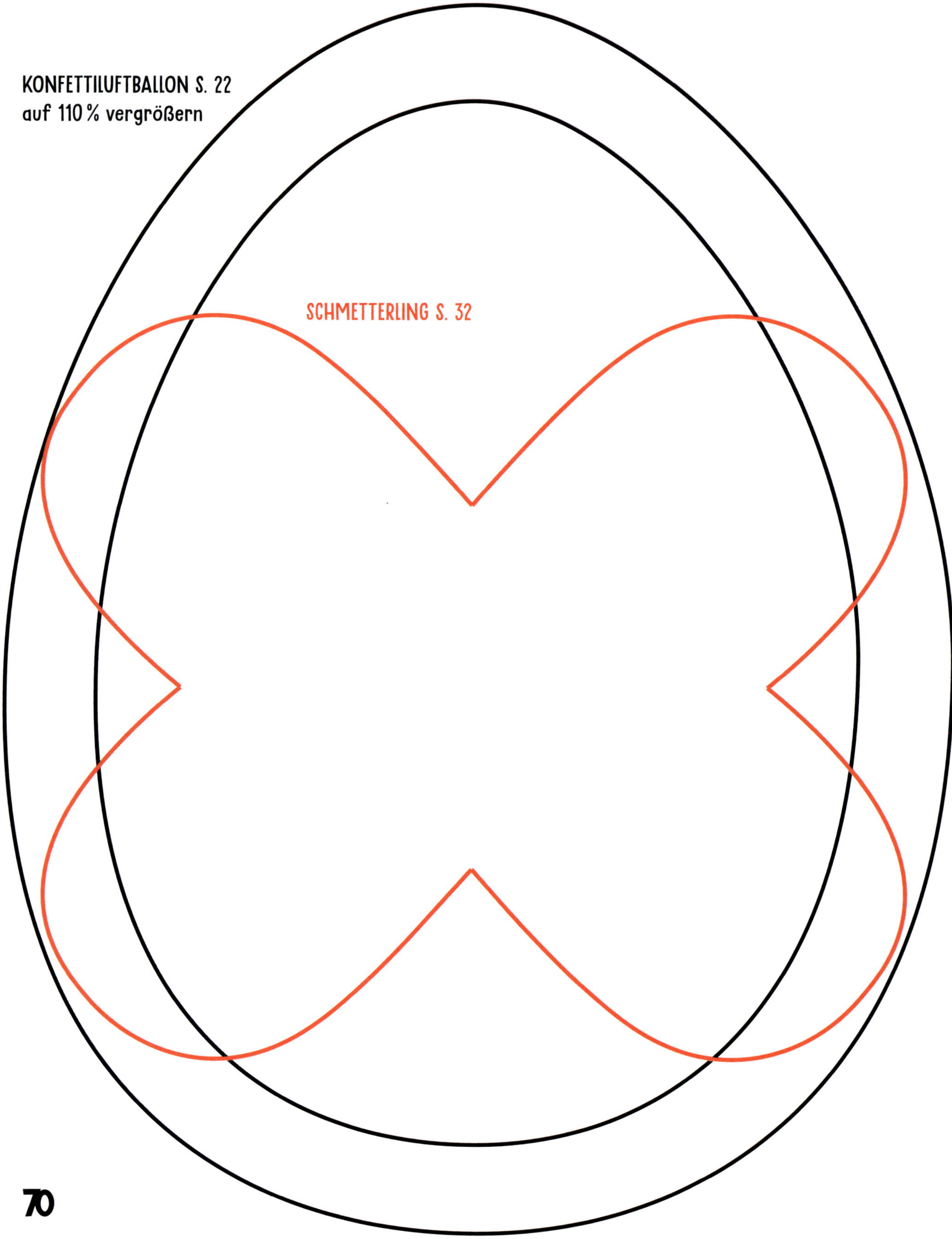
KONFETTILUFTBALLON S. 22
auf 110 % vergrößern
SCHMETTERLING S. 32

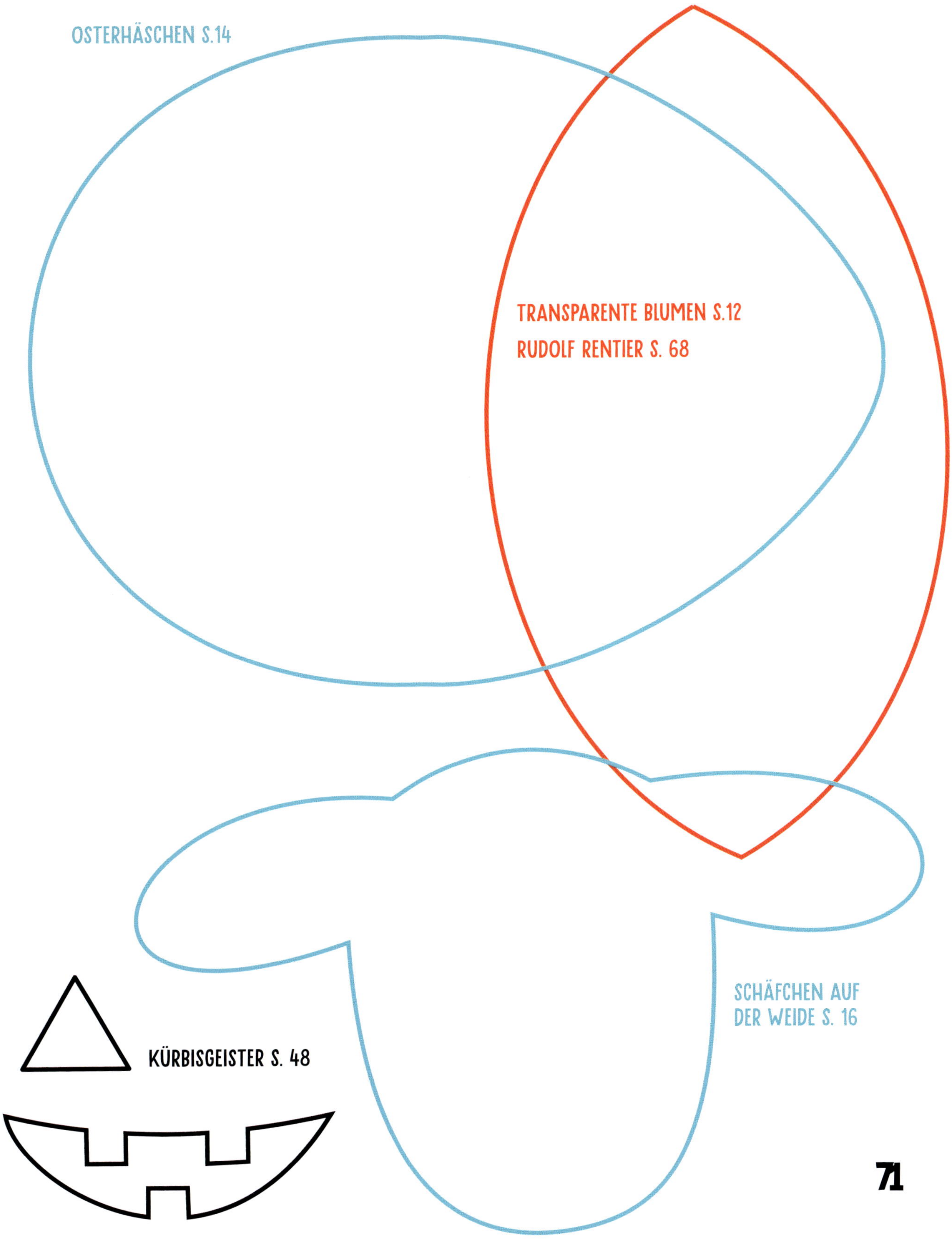
OSTERHÄSCHEN S.14
TRANSPARENTE BLUMEN S.12
RUDOLF RENTIER S. 68
SCHÄFCHEN AUF
DER WEIDE S. 16
KÜRBISGEISTER S. 48

BLÄTTERIGEL S. 50
auf 110 % vergrößern

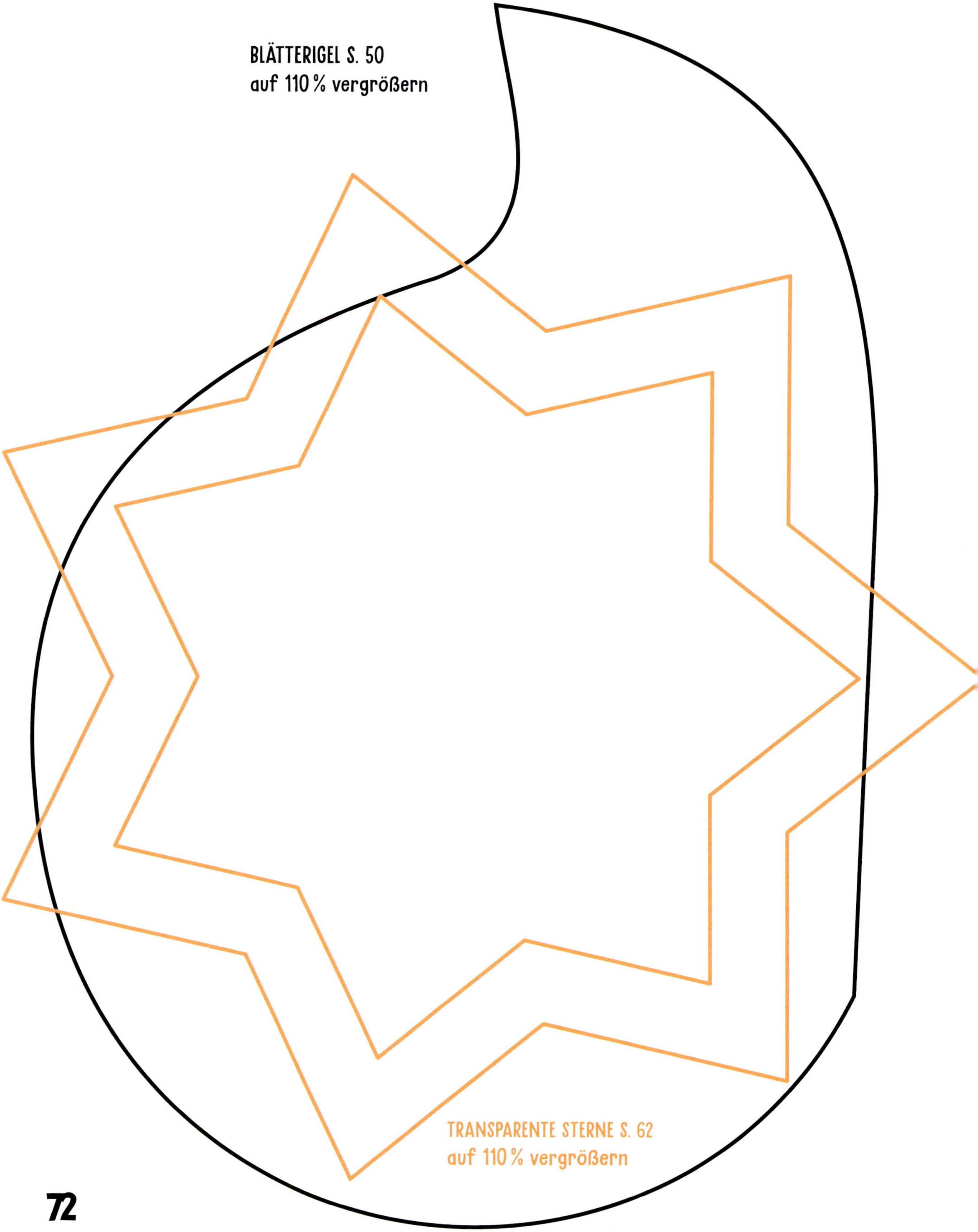

TRANSPARENTE STERNE S. 62
auf 110 % vergrößern

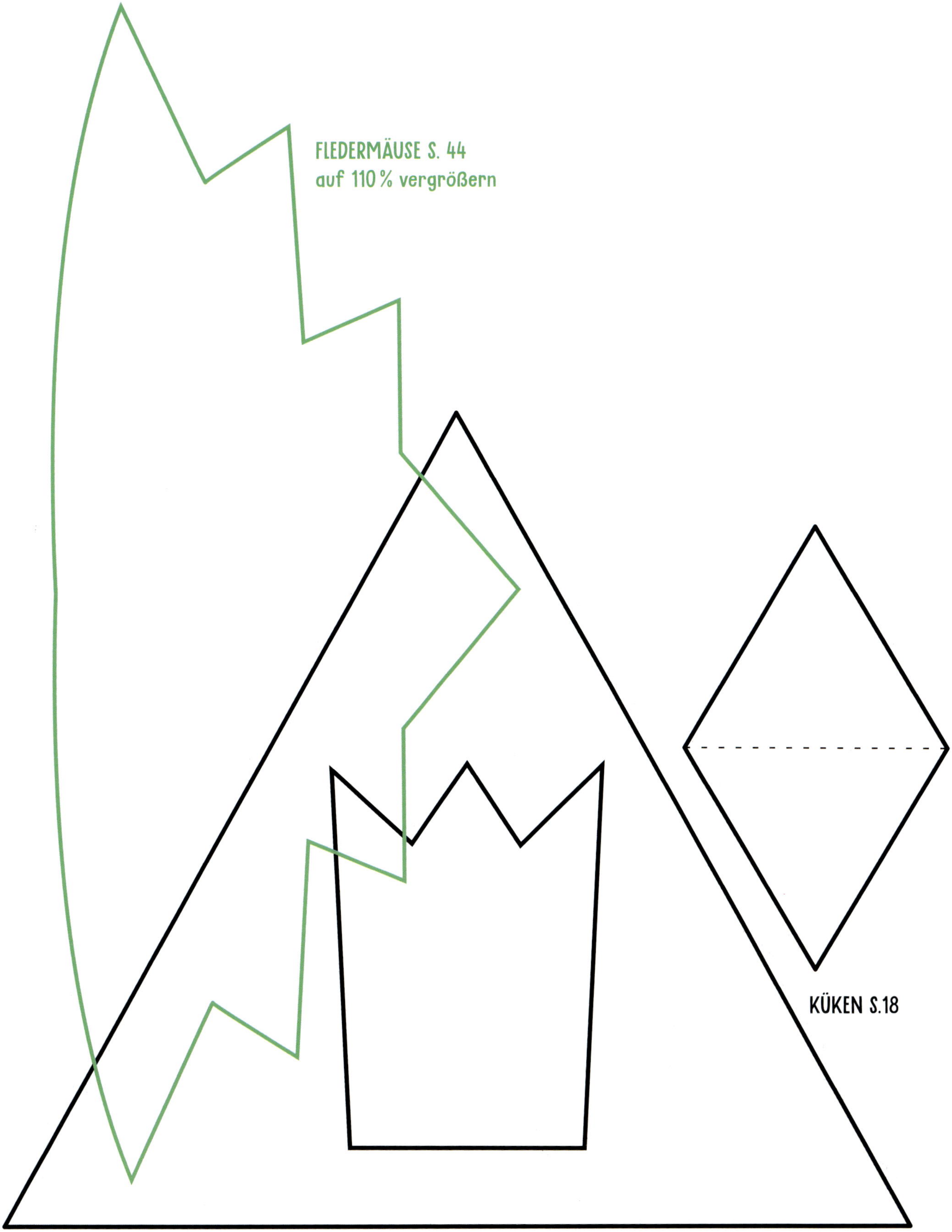

FLEDERMÄUSE S. 44
auf 110 % vergrößern

KÜKEN S.18

BUCHEMPFEHLUNGEN FÜR DICH

Noch mehr Kreativ-Bücher gesucht?

ISBN 978-3-7358-9144-0

ISBN 978-3-7358-9143-3

ISBN 978-3-7358-9142-6

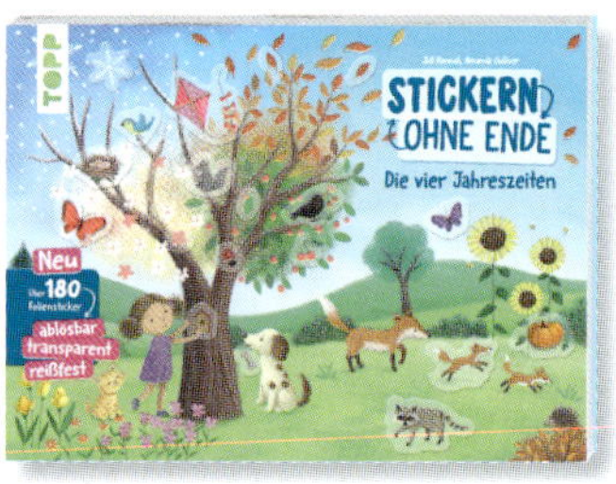

ISBN 978-3-7358-9235-5

ISBN 978-3-7358-9236-2

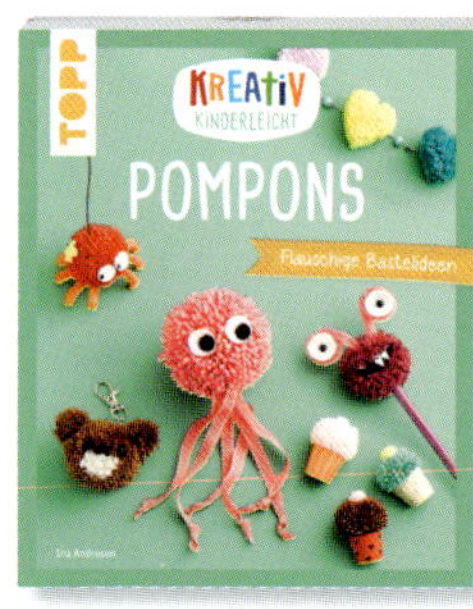

ISBN 978-3-7358-9140-2

ISBN 978-3-7358-9104-4

ISBN 978-3-7358-9152-5

ISBN 978-3-7358-9089-4

Viele weitere Kreativ-Bücher findest du auf
www.TOPP-kreativ.de

#TOPPPROJEKT

Die eigene Kreativität zeigen: TOPPprojekt mit anderen Kreativen teilen und Teil der Gemeinschaft werden.

DIY-begeistert und auf Instagram? Dann unbedingt mitmachen! Hier gibt's Tipps und Feedback zu den eigenen Projekten. Außerdem verlosen wir jeden Monat ein Überraschungspaket. Um am Gewinnspiel teilzunehmen, einfach ein Bild vom Kreativ-Projekt aus unseren Büchern mit #TOPPprojekt posten und unserem Account @frechverlag folgen. Mehr Infos auf TOPP-kreativ.de/TOPPprojekt

Website

Auf TOPP-kreativ.de kannst du ein riesiges Angebot von über 1.000 Kreativbüchern, Sets & mehr entdecken.

Newsletter

Gleich anmelden unter: TOPP-kreativ.de/newsletter und immer als Erstes von unseren Neuheiten und Sonderaktionen erfahren.

Instagram

@frechverlag

Pinterest

pinterest.com/frechverlag

Facebook

facebook.com/frechverlag

DigiBib

Hier findest du zusätzlich zu vielen unserer Bücher digitale Extras, wie Video-Tutorials, Plotter-Dateien, Vorlagen, Übungsblätter & vieles mehr. Einfach im Impressum deines TOPP-Buchs den Freischalte-Code nachschlagen und exklusive Inhalte freischalten. TOPP-kreativ.de/digibib

Youtube

youtube.com/frechverlag

Susanne Pypke

Du liebst kreative DIY-Ideen, probierst ständig neue Techniken und machst am liebsten alles selbst? Dann bist du vermutlich genauso bastelverrückt wie ich! Schon als Kind gab es für mich nichts Schöneres, als mit Säge, Nadel und Schere zu experimentieren. Und das ist bis heute so geblieben. Nach verschiedenen Stationen in der Medienbranche habe ich vor rund zehn Jahren meine Leidenschaft zum Beruf gemacht. Inzwischen sind zahlreiche DIY-Bücher mit meinen Ideen erschienen. Und auch im Fernsehen gab es von mir schon Tipps und Tricks. Am meisten genieße ich aber das gemeinsame Basteln mit Kindern, Nachbarn und Freunden. Dann gibt es auch für mich noch viel zum Staunen.

IMPRESSUM

FOTOS: frechverlag GmbH, 70839 Gerlingen;
lichtpunkt, Michael Ruder, Stuttgart
MODELLE: Susanne Pypke
LEKTORAT: Nele Thiemann
PRODUKTMANAGEMENT: Sandra Aichele, Melissa Portz
COVER: Petra Schmidt
HERSTELLUNG: Katrin Röhlig
LAYOUT & SATZ: Ramona Gaar,
Werbeagentur Rypka GmbH - rypka.at
DRUCK: BALTO print, Litauen

2. Auflage 2025

ISBN 978-3-7358-9147-1 • Best.-Nr. 29147

SERVICE-HOTLINE

Hast du Fragen oder gibt es ein Problem? Wir helfen dir gern. Ruf uns an oder schreib uns eine E-Mail:

Telefon: 0711 / 123 757 20*

*normale Telefongebühren

E-Mail: hilfe@frechverlag.de
Weitere Informationen zum Verlag und zu unserem gesamten Programm findest du unter: www.topp-kreativ.de

FSC www.fsc.org MIX Papier | Fördert gute Waldnutzung FSC® C107574

Penguin Random House Verlagsgruppe FSC® N001967